Un libro de Las Ramas de Crabtree

B. Keith Davidson
Traducción de Santiago Ochoa

CRABTREE
Publishing Company
www.crabtreebooks.com

Apoyos de la escuela a los hogares para cuidadores y maestros

Este libro de gran interés está diseñado con temas atractivos para motivar a los estudiantes, a la vez que fomenta la fluidez, el vocabulario y el interés por la lectura. Las siguientes son algunas preguntas y actividades que ayudarán al lector a desarrollar sus habilidades de comprensión.

Antes de leer:

- *¿De qué creo que trata este libro?*
- *¿Qué sé sobre este tema?*
- *¿Qué quiero aprender sobre este tema?*
- *¿Por qué estoy leyendo este libro?*

Durante la lectura:

- *Me pregunto por qué...*
- *Tengo curiosidad por saber...*
- *¿En qué se parece esto a algo que ya conozco?*
- *¿Qué he aprendido hasta ahora?*

Después de la lectura:

- *¿Qué intentaba enseñarme el autor?*
- *¿Qué detalles recuerdo?*
- *¿Cómo me han ayudado las fotografías y los pies de foto a comprender mejor el libro?*
- *Vuelvo a leer el libro y busco las palabras del vocabulario.*
- *¿Qué preguntas me quedan?*

Actividades de extensión:

- *¿Cuál fue tu parte favorita del libro? Escribe un párrafo al respecto.*
- *Haz un dibujo de lo que más te gustó del libro.*

ÍNDICE

LOS INICIOS DEL BÉISBOL

El béisbol se desarrolló a partir de juegos de pelota británicos como el *rounders*, el *stoolball* y el *tut-ball*. Las reglas, tal y como las conocemos, no comenzaron a tomar forma hasta la década de 1830. El primer partido de béisbol se jugó el 4 de junio de 1838 en Ontario, Canadá.

UN DATO DIVERTIDO

¿Cuál ha sido la menor asistencia a un partido de béisbol? Los Marlins de Florida establecieron el récord en 2011, cuando solo 347 aficionados fueron a verlos jugar contra los Cincinnati Reds. La culpa la tuvo el huracán Irene, pero el récord se mantiene.

TAN ESTADOUNIDENSE COMO LA TARTA DE MANZANA

Después de ese partido en Ontario, los estadounidenses tomaron el control. Alexander Cartwright creó el primer reglamento (las Reglas Knickerbocker) y el béisbol se convirtió en el juego estadounidense por excelencia. Desde entonces el juego se ha extendido por todo el mundo, con ligas en Asia, Europa y América Latina.

William Rufus Wheaton fue el primer vicepresidente del Knickerbocker Baseball Club.

El Knickerbocker
Baseball Club
en 1847.

El Knickerbocker Club

UN DATO DIVERTIDO

El Knickerbocker Baseball Club fue el
primer club de béisbol organizado.

EN EL MONTÍCULO

Ya sea que lance una *slider*, una curva o una bola rápida tradicional, el lanzador tiene que hacer que la bola llegue arriba del plato del bateador, y dentro de la zona de *strike* del bateador. Si se lanzan cuatro pelotas fuera de la zona de strike, el bateador recibe un base por bola.

plato del bateador

Un lanzador frota barro en la pelota de béisbol para lograr el agarre adecuado, pero no es cualquier barro. Jim Bintliff encontró el barro y solo él sabe dónde conseguirlo.

montículo del lanzador

DETRÁS DEL PLATO

El receptor se pone en cuclillas detrás de la base del bateador y tiene una gran vista del campo interior. Desde allí puede ayudar al lanzador a decidir qué estilo de lanzamiento usar, además de estar atento a los corredores que intentan **robar una base.**

El receptor recibe un lanzamiento.

10

El receptor está de pie para ponchar a un corredor en segunda, antes de que robe una base.

UN DATO DIVERTIDO

En un partido de béisbol promedio se utilizan entre 60 y 70 bolas de béisbol. En las Grandes Ligas, una bola dura apenas unos seis lanzamientos.

EN LA BASE

Cada base está custodiada por un jugador de base. A diferencia del lanzador y del receptor, un jugador de base no tiene que permanecer en su posición: corre hacia las zonas de mayor acción cuando **fildea** la bola.

Un jugador de base espera la pelota mientras un corredor se desliza a la base.

EL PARADOR EN CORTO

Situado entre la segunda y la tercera base, el parador en corto es el jugador que más pelotas lanza en el **diamante**. Un buen parador en corto es rápido, ágil y capaz de hacer lanzamientos precisos para que la pelota llegue a la primera base cuando más se necesita.

El parador en corto también debe estar preparado para ayudar al jugador de segunda o tercera base.

Durante la temporada del 2000, Derek Jeter, que jugaba para los Yankees de Nueva York, se convirtió en el único jugador en ganar en un mismo año el **MVP** del partido de las estrellas y el MVP de la Serie Mundial.

Al perseguir pelotas voladoras detrás de las bases, los tres jardineros tienen mucho terreno que cubrir. ¿Cuál es una de las jugadas más emocionantes del béisbol? Cuando un jardinero corre hacia la pared trasera y salta para hacer una atrapada espectacular.

400

Aaron Rowand se estira para atrapar una pelota voladora.

UN DATO DIVERTIDO

El Guante de Oro se concede cada año al mejor jugador defensivo en cada posición. El lanzador Greg Maddux, con 18 guantes, es el que más ha recibido.

Barry Bonds

Barry Bonds tiene el récord de más jonrones, con 762.

ENVIÁNDOLA A LAS CERCAS

El bateador intenta golpear la pelota por encima de la valla del campo y hacer un jonrón, pero hay muchos otros tipos de bateo. Los rebotes, los lanzamientos de línea, los toques de bola y las pelotas voladoras son todos golpes válidos, siempre y cuando la pelota no sobrepase las **líneas de** *foul*.

Si un bateador falla un lanzamiento válido, obtiene un strike. Con tres strikes, el bateador es ponchado.

Javier Báez, parador en corto de los Cachorros de Chicago.

Mickey Mantle tiene el récord de más jonrones en una Serie Mundial, con 18.

LOS AMPÁYER

En un partido de la **MLB** trabajan cuatro árbitros o ampáyer. Detrás del plato, un árbitro canta las bolas, los strikes y las faltas. Ese árbitro también está a cargo de decidir si un beisbolista hace una carrera o no. Los árbitros de base determinan si un corredor está *safe* en las bases o queda ponchado.

Cuando los mánagers de los equipos discuten la decisión de un ampáyer, las cosas se pueden calentar mucho y los mánagers a menudo son expulsados de los juegos. Bobby Cox, de los Bravos de Atlanta, fue expulsado 161 veces.

LA SERIE MUNDIAL

Una temporada de la MLB tiene 162 juegos. La temporada termina con la Serie Mundial, una serie de siete partidos entre los ganadores de la **NL** y los ganadores de la **AL**. El primer equipo en ganar cuatro partidos se lleva el Trofeo del Comisionado.

Los fanáticos, en el estacionamiento del Dodger Stadium, ven una transmisión en vivo del segundo juego de la Serie Mundial entre los Tampa Bay Rays y Los Angeles Dodgers. Los Ángeles, 21 de octubre de 2020.

El Trofeo del Comisionado se otorga cada año al equipo de la MLB que gana la Serie Mundial.

Yogi Berra tiene 10 anillos de la Serie Mundial, la mayor cantidad ganada por un solo jugador.

KEN GRIFFEY, JR.

CARRERA DE **1989 A 2010**

POSICIÓN
JARDINERO CENTRAL

BATEO	IZQUIERDA
LANZAMIENTOS	IZQUIERDA
JONRONES	630
PROMEDIO DE BATEO	.284

JOSÉ BAUTISTA

CARRERA DE 2004 A 2018

POSICIÓN
JARDINERO DERECHO Y TERCERA BASE

BATEO	DERECHA
LANZAMIENTOS	DERECHA
JONRONES	344
PROMEDIO DE BATEO	.247

NOLAN RYAN

CARRERA DE **1966 A 1993**

POSICIÓN
LANZADOR

BATEO	DERECHA
LANZAMIENTOS	DERECHA
PONCHADOS	5,714
TRIUNFOS	324

MIKE TROUT

POSICIÓN
JARDINERO CENTRAL

BATEO	DERECHA
LANZAMIENTOS	DERECHA
JONRONES	302
PROMEDIO DE BATEO	.304

LA MLB

Llegar a las Grandes Ligas es el sueño de todo beisbolista joven. Es el resultado de años de trabajo duro y dedicación. Empieza a practicar ahora y tal vez algún día otro niño leerá sobre ti en un libro de la MLB.

UN DATO DIVERTIDO

Deion Sanders jugó fútbol americano y béisbol profesional. Es la única persona que ha jugado tanto en el Supertazón como en la Serie Mundial. Es también el único deportista que ha logrado batear un jonrón y anotar un touchdown en la misma semana.

Barry Larkin, de los Rojos de Cincinnati.

GLOSARIO

AL: Liga Estadounidense de Clubes de Béisbol Profesional, compone la mitad de la MLB.

base por bola: Cuando un bateador obtiene la primera base después de que el lanzador hace cuatro lanzamientos fuera de la zona de strike, y en ninguno de los cuales el bateador ha intentado batear la bola.

diamante: El campo de juego utilizado para el béisbol.

fildea: Que atrapa o detiene una pelota que ha sido bateada.

jardineros: Los tres jugadores que atrapan o detienen las pelotas bateadas en los jardines.

líneas de *foul*: Las dos líneas que van desde el plato del bateador, pasan por la primera y la tercera base y llegan hasta los postes de *foul*.

MLB: Liga Mayor de Béisbol, una organización formada por dos ligas o grupos de béisbol profesional: la Liga Estadounidense (AL) y la Liga Nacional (NL).

MVP: El jugador más valioso.

NL: La Liga Nacional de Clubes de Béisbol Profesional, compone la mitad de la MLB.

pelotas voladoras: Pelota que ha sido golpeada hacia lo alto.

robar una base: Moverse a una base sin que haya una bola bateada o una base por bola.

***safe*:** Jugada decretada por el ampáyer que concede a un corredor o bateador la base que intenta alcanzar.

zona de *strike*: El área entre las rodillas y los hombros del bateador, en la base.

ÍNDICE ANALÍTICO

DATOS CURIOSOS:

Con 511, Cy Young tiene el récord de más victorias de un lanzador. También el de más derrotas de un lanzador, con 316.

Jackie Mitchell, a los 17 años, se convirtió en la única mujer en ponchar a Babe Ruth y a Lou Gherig.

El lanzamiento más raro del béisbol se llama *screwball*. Se lanza doblando el brazo completamente en el sentido de las agujas del reloj para darle una rotación contraria a la natural.

SITIOS WEB CON MÁS DATOS CURIOSOS (PÁGINAS EN INGLÉS):

www.sikids.com/baseball

www.mlb.com/fans/kids/activities

https://kidskonnect.com/sports/baseball

ACERCA DEL AUTOR

B. Keith Davidson

B. Keith Davidson creció jugando con sus tres hermanos y un montón de niños de su barrio; aprendió de la vida a través del deporte y la actividad física. Ahora enseña estos juegos a sus tres hijos.

CRABTREE
Publishing Company

Produced by: Blue Door Education for Crabtree Publishing

Written by: B. Keith Davidson

Designed by: Jennifer Dydyk

Edited by: Tracy Nelson Maurer

Proofreader: Ellen Rodger

Traducción al español: Santiago Ochoa

Maquetación y corrección en español: Base Tres

Print and production coordinator: Katherine Berti

Reconocemos que algunas palabras, nombres de equipos y denominaciones, por ejemplo, mencionados en este libro, son propiedad del titular de la marca. Las usamos únicamente con propósitos de identificación. Esta no es una publicación oficial.

COVER: Top photo Shutterstock.com/ Vasyl Shulga, players © KYDPL KYODO/Associated Press, PG 5: ©shutterstock.com/Matt Trommer, PG 6: ©Wheaton_PD, PG 7: ©NYKnickerbockers_PD, PG 8: ©itstock.com/33ft, PG 9: ©Debby Wong / Shutterstock.com (top), ©Mark Herreid / Shutterstock.com PG 10: ©Arturo Holmes / Shutterstock.com, PG 11: ©Arturo Holmes / Shutterstock.com, PG 12: ©Eric Broder Van Dyke | Dreamstime.com, PG 13: ©Arturo Holmes / Shutterstock.com (inset), ©JASON TENCH / Shutterstock.com (top), PG 14: ©Eric Broder Van Dyke / Shutterstock.com, PG 15: ©Sports Images| Dreamstime.com, PG 16: ©Eric Broder Van Dyke / Shutterstock.com, PG 17: © Sports Images| Dreamstime.com (inset), ©Eric Broder Van Dyke / Shutterstock.com, PG 18: ©Eric Broder Van Dyke| Dreamstime.com, PG 19: ©Keeton Gale / Shutterstock.com (top), ©MantlePortrait_PD, PG 20: ©Demerzel21| Dreamstime.com, PG 21: ©Lawrence Weslowski Jr| Dreamstime.com (inset), © Alexa Sklar| Dreamstime.com, PG 22: ©Ringo Chiu / Shutterstock.com, PG 23: ©Gopheliad| Dreamstime.com, ©Googie man_https://creativecommons.org/licenses/by-sa/3.0/deed.en, PG 24: ©Jerry Coli | Dreamstime.com, PG 25: ©Paul Mckinnon| Dreamstime.com, PG 26: ©Jerry Coli| Dreamstime.com, PG 27: ©Mike Trout © Keith Allison https://creativecommons.org/licenses/by-sa/2.0/deed.en, PG 28: ©DFree / Shutterstock.com, © Sports Images| Dreamstime.com (inset), PG 29: ©Sports Images | Dreamstime.com

Library and Archives Canada Cataloguing in Publication

Available at the Library and Archives Canada

Library of Congress Cataloging-in-Publication Data

Names: Davidson, B. Keith, 1982- author.

Title: La MLB / B. Keith Davidson ; traducción de Santiago Ochoa.

Other titles: MLB. Spanish

Description: New York, NY : Crabtree Publishing Company, 2022. | Series: Las ligas mayores | "Un libro de Las Ramas de Crabtree."

Identifiers: LCCN 2021040038 (print) | LCCN 2021040039 (ebook) | ISBN 9781039613577 (hardcover) | ISBN 9781039613638 (paperback) | ISBN 9781039613690 (ebook) | ISBN 9781039613751 (epub) | ISBN 9781039613812

Subjects: LCSH: Major League Baseball (Organization)--History--Juvenile literature. | Baseball--United States--History--Juvenile literature. | Baseball players--United States--Juvenile literature.

Classification: LCC GV875.A1 D37818 2022 (print) | LCC GV875.A1 (ebook) | DDC 796.357/6406--dc23

LC record available at https://lccn.loc.gov/2021040038

LC ebook record available at https://lccn.loc.gov/2021040039

Crabtree Publishing Company

www.crabtreebooks.com   1-800-387-7650

Printed in the U.S.A./072021/CG20210616

Published in the United States
Crabtree Publishing
347 Fifth Avenue, Suite 1402-145
New York, NY, 10016

Published in Canada
Crabtree Publishing
616 Welland Ave.
St. Catharines, ON, L2M 5V6